Inhalt

Die Führungskraft als Coach - Helfer und Begleiter im Change-Prozess

Kernthesen

Beitrag

Fallbeispiele

Weiterführende Literatur

Impressum

Die Führungskraft als Coach - Helfer und Begleiter im Change-Prozess

Robert Reuter

Kernthesen

- Coaching wird von Führungskräften nicht nur in Anspruch genommen, sondern von immer mehr Vorgesetzten selbst praktiziert.
- Coaching ist dann eine wichtige Komponente des angewandten Führungsstils.
- Besonders in Veränderungsprozessen kann es sich positiv auswirken, wenn der Chef selbst als Coach fungiert.
- Hierfür sind allerdings einige Talente vonnöten. Der coachende Chef muss

beobachten, analysieren und so kritisieren können, dass der Mitarbeiter nicht mit Frust reagiert.

Beitrag

Bestärkung statt Dirigismus

Dass Führungskräfte Coaches in Anspruch nehmen, ist heute keine Seltenheit mehr. Neu ist hingegen, wenn Führungskräfte selbst in ihren Unternehmen wie Coaches auftreten und das Coaching so zum wichtigen Bestandteil ihrer Führungsarbeit machen. Die coachende Führungskraft zeichnet sich durch einen sehr persönlichen Führungsstil aus, der in erster Linie auf Unterstützung und Bestärkung statt auf Autorität und Bestimmung setzt. Kritisiert wird darum, dass die Idee vom coachenden Vorgesetzten im Grunde nur eine neue Bezeichnung für das schon lange bekannte Konzept der beziehungs- und personenorientierten Führung darstelle.

Prinzipiell richtet sich personenbezogenes oder eben coachendes Führungsverhalten weniger auf das konkrete Arbeitshandeln der Mitarbeiter, sondern auf deren grundsätzliches Verhalten. Dieses hat fast immer Einfluss auf die Arbeitsleistung, so dass sich die Einflussnahme des coachenden Chefs am Ende doch auf die Leistung des Mitarbeiters auswirken soll. Es geht daher nicht um kleine Arbeitsfehler oder um Wissensdefizite, sondern darum, solche Verhaltensweisen aufzudecken, die dem Erfolg abträglich sind. Auch wenn die Führungskraft selber coacht, heißt das Ziel, eine Realität zu schaffen, in der ein erfolgreiches Verhalten gezeigt werden kann. Fraglos nimmt die Führungskraft damit Einfluss auf psychologische Faktoren, woraus die Aufgabe resultiert, hierbei besonders verantwortungsvoll vorzugehen. (1)

Verbesserbares Verhalten bietet Coaching-Anlässe

Die auf das Verhalten der Mitarbeiter fokussierte Führung nimmt konkrete Verhaltensweisen zum Anlass, ins Gespräch einzusteigen. Zu solchen Gesprächsanlässen gehört beispielsweise die Eigenschaft, bei Erfolg zu schnell zufrieden zu sein und sich dann zurückzulehnen. Ein anderes, verbesserbares Verhalten kann übertriebener Perfektionismus sein, wenn er dazu führt, dass der Mitarbeiter die Zeitkomponente außer Acht lässt und sich selbst zu viel Druck macht. (1)

Große Herausforderungen an die Führungskraft

Wer als Coach agieren und darum das Verhalten seiner Mitarbeiter verändern möchte, muss hierfür einige Befähigungen mitbringen. So muss grundsätzlich eine Haltung vorhanden sein, dem Mitarbeiter Interesse und Aufmerksamkeit entgegenzubringen. Hinzu kommen Beobachtungsgabe und das Talent, menschliches Verhalten zu analysieren. Nicht zuletzt sind kommunikative Fähigkeiten gefordert. Will man nämlich einem Mitarbeiter beibringen, dass sein Verhalten verbessert werden muss, da es der Leistung abträglich ist, stößt der coachende Chef schnell auf Widerstand und frustriert den Gesprächspartner. Dies liegt jedoch nicht immer am Mitarbeiter. Oft sind es die Führungskräfte selbst, denen es an Talent mangelt, ein offenes und ehrliches Feedback auf das Verhalten des Mitarbeiters zu geben.

Das erste Gespräch bedeutet in der Praxis den schwierigen Spagat, offene Kritik zu äußern, ohne dabei in eine Vorwurfshaltung abzugleiten. Die Kunst besteht mithin darin, dem Mitarbeiter sein eigenes Verhalten vor Augen zu führen, ohne ihn bloßzustellen oder ihm das Gefühl zu geben, auf der Anklagebank zu sitzen. Der erste Schritt für die

Entwicklung eines Mitarbeiter-Coachings, nämlich das Feedback der Führungskraft auf die Verhaltensmuster, die geändert werden sollen, ist darum oft die schwierigste Hürde.

Wichtig ist es, eine Gesprächsatmosphäre zu erzeugen, in der sich der Mitarbeiter prinzipiell verstanden und geschätzt fühlt. Dieses Gefühl ist eine entscheidende Voraussetzung für die Bereitschaft, einen Veränderungsprozess zu starten. Der Coach sollte dann versuchen, die Sicht des Mitarbeiters auf sich selbst in Erfahrung zu bringen, denn Selbsterkenntnis ist der beste Weg zur Besserung. Aus alledem wird ersichtlich, worauf es bei einem gelungenen Coaching durch den Chef ankommt. Die Mitarbeiter müssen der Führungskraft vertrauen, denn nur dann sind sie auch bereit, ein kritisches Feedback anzunehmen.

Grundsätzlich muss sich die Führungskraft bewusst sein, dass sich nicht jedes Problem wegcoachen lässt. Ein Chef sollte deshalb nur Coachings anpacken, die eine angemessene Erfolgswahrscheinlichkeit aufweisen. (1), (4)

Nachwuchstalente erwarten Coaching-Qualitäten

Coaching durch den Chef ist nicht nur eine freiwillige

Herangehensweise für Führungskräfte. Sondern: Coaching wird gerade von jungen Mitarbeitern geradezu eingefordert und verlangt. Von früheren Generationen unterscheidet sich die heutige, junge Generation insbesondere dadurch, dass sie vom Chef Feedback erwartet. Der Grund dafür könnte nach Ansicht von Experten eine gewisse Orientierungslosigkeit sein, die den zwischen 1980 und 1990 Geborenen oft zugeschrieben wird.

Zum anderen sind es insbesondere die karrierebewussten Talente, die mit ihrem Chef auch darüber sprechen wollen, was sie besser machen können, um ihre hochgesteckten beruflichen Ziele zu erreichen. Für das Employer Branding von Unternehmen sind kommunikative und zum Aussprechen von Kritik fähige Führungskräfte daher wichtige Erfolgsfaktoren, um im Kampf um die besten Köpfe attraktive Konditionen bieten zu können. Die Crux beim Karriere-Coaching durch den Chef ist allerdings offensichtlich: Kein Chef baut gerne einen Mitarbeiter auf, von dem er befürchten muss, dass er irgendwann an seinem Stuhlbein sägt.

So ist es kein Wunder, dass die Belegschaften deutscher Unternehmen prinzipiell unzufrieden mit der Förderung sind, die sie durch ihren Vorgesetzten erfahren. 42 Prozent der Mitarbeiter gaben in einer Umfrage an, dass ihr Chef sie kaum fördere. Ein Drittel der Beschäftigten vermisst ein Karriere-

Coaching, 28 Prozent berichten, nur einmal im Jahr eine Coaching-Maßnahme erfahren zu haben. (2)

Die Führungskraft als Change-Coach

Besonders stark gefragt sind die Coaching-Talente von Führungskräften in Veränderungsprozessen. Grundsätzliche Veränderungen sind bekanntlich nur dann möglich, wenn die Menschen in der Lage sind, an ihrer Einstellung zu arbeiten und ihr Verhalten im Sinne der Unternehmensziele anzupassen und zu verändern. Dem Change-Coach muss dabei klar sein, dass Veränderung nicht von oben verordnet werden kann. Erst durch zahlreiche Wiederholungen und durch Verstärkung bilden sich neue Verhaltensmuster heraus. (3)

Trends

Zahl der Karriereverweigerer nimmt zu

Für immer mehr junge Talente ist die traditionelle hierarchische Karriere nicht mehr attraktiv.

Karriereverweigerer scheuen den Gang durch die Institutionen, haben oft aber auch einfach keine Lust darauf, Verantwortung zu übernehmen. Das Phänomen tritt so gehäuft auf, dass sich Managerschulen derzeit selbst darum bemühen, die Ursachen für die Karriereunwilligkeit zu ergründen. Besonders unattraktiv macht den beruflichen Aufstieg augenscheinlich der damit verbundene Zeitaufwand im Büro. Junge Talente haben oft auch anderes im Kopf, wollen Abwechslung, verbringen gerne Zeit mit der Familie und wollen sich vom Job nicht mehr auffressen lassen. An die Unternehmen richtet der Befund die Aufforderung, Modelle für eine gut austarierte Work-Life-Balance anzubieten. (7)

Fallbeispiele

Coaching für Führungskräfte - nicht immer von Erfolg gekrönt

Der Coaching-Boom der letzten Jahre ebbt langsam ab. Der Grund dafür ist, dass neben den positiven Effekten auch negative Coaching-Erlebnisse bekannt werden. Viele Führungskräfte, die einen Coach in Anspruch nehmen, müssen erkennen, dass die Erwartungen zu hoch angesetzt waren. Immer öfter werden Coachings abgebrochen, einfach weil der angestrebte Erfolg ausbleibt. Zum anderen erweist sich in der Praxis, dass die Lösung bekannter Probleme zuweilen neue Probleme aufwirft. Eine extreme Folge von Coaching kann aber auch die emotionale Abhängigkeit des Coachees sein. Dies passiert dann, wenn der Coach zum Beichtvater und Seelentröster wird - womit er seine Verantwortung missbraucht. (5), (6)

Weiterführende Literatur

(1) So coacht ein guter Chef
aus wirtschaft&weiterbildung, Vol. 20, Heft 09/2012, S. 32-35

(2) Führungskräfte als Karriere-Coach
aus CIO - IT-Strategie für Manager, Meldung vom 13.08.2012

(3) Die Führungskraft als Change-Coach: Veränderungsprozesse brauchen Nachhaltigkeit
aus wissensmanagement, Heft 4/2012, S. 48-49

(4) Die Mitarbeiter glücklich machen
aus wissensmanagement, Heft 4/2012, S. 48-49

(5) Coaching Wenn Coaching in die Sackgasse führt
aus IO Management Nr. 3 vom 16.05.2012, Seiten 52 - 54

(6) Coaching per Mobile App nein danke!
aus wirtschaft&weiterbildung, Vol. 20, Heft 07-08/2012, S. 48-53

(7) Wer will noch Chef werden?
aus Manager Magazin, 20.07.2012, Nr. 8, Seite 94

Impressum

Die Führungskraft als Coach - Helfer und Begleiter im Change-Prozess

Bibliografische Information der deutschen Nationalbibliothek

Die Deutsche Nationalbibliothek verzeichnet diese Publikation in der deutschen Nationalbibliografie; detaillierte bibliografische Daten sind im Internet über http://dnb.d-nb.de abrufbar.

ISBN: 978-3-7379-0261-8

© 2015 GBI-Genios Deutsche Wirtschaftsdatenbank GmbH, Freischützstraße 96, 81927 München, www.genios.de

Alle Rechte vorbehalten. Dieses Werk ist einschließlich aller seiner Teile – z.B. Texte, Tabellen und Grafiken - urheberrechtlich geschützt. Jede Verwertung außerhalb der Grenzen des Urheberrechtsgesetzes bedarf der vorherigen Zustimmung des Verlags. Dies gilt insbesondere auch für auszugsweise Nachdrucke, fotomechanische

Vervielfältigungen (Fotokopie/Mikroskopie), Übersetzungen, Auswertungen durch Datenbanken oder ähnliche Einrichtungen und die Einspeicherung und Verarbeitung in elektronischen Systemen.